氷は柾目に、割ってゆく。

Ice pick

氷のゆきたい方向へ、シェイカーは振る。

Shake

氷がいいよと言うまで、ステアする。

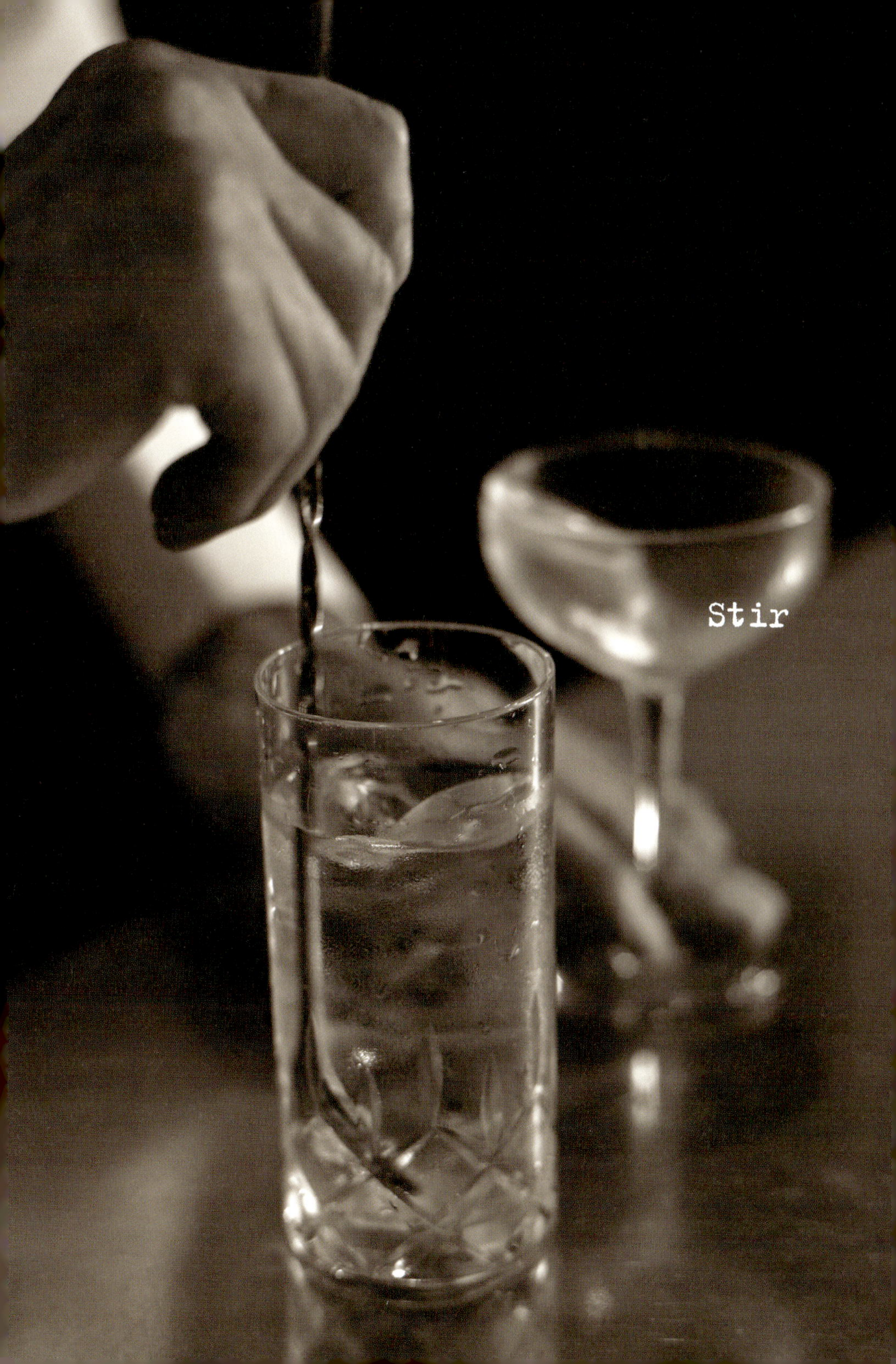
Stir

くちに含めば消えぬる
水の宝石

the cocktail notes

BARへようこそ

福島勇三のカクテルの愉しみ方

yuzo fukushima

Contents

「BARへようこそ」

about Smiley

スマイリーと呼ばれる名バーテンダー

「スマイリー」と呼ばれる名バーテンダーがいる。昨年の暮れに九〇歳を迎えた現役のバーテンダー・福島勇三である。太平洋戦争の終わった翌々年からアメリカ軍基地の下士官クラブでシェーカーを振りはじめ、今年でバーテンダー歴七〇年となる。いつも笑顔を絶やさないことから進駐軍将校たちから「スマイリー」と親しく呼ばれるようになった。

バーテンダーの仕事は茶の湯の亭主のそれに似ている。まず茶室ならぬバー空間を清め客を待つ。客が席につくと、お茶を点てるようにカクテルをつくる。同じ材料を使っていてもつくり手によって味がちがうのもお茶と同じである。スマイリーはいう。

「カクテルはバーテンダーの履歴書なんです。どこで修行して、どういう育ち方をしたのか、カクテルの味に如実に出てくるんです」。だから、いつも真剣勝負でけっして手を抜かないことを心がけてきた。とはいっても、スマイリーは気むずかしいひとではない。優しくて温かい。いつも笑顔を絶やさず、地位年齢性別にとらわれず誰にでも同じように接してくれる。そして、一流のバーテンダーの心と技で磨き抜かれた一杯のカクテルは美しい。口をつければ消えてゆく、はかない芸術品なのである。

スマイリーのカクテルは客が口をつける瞬間に温度が6℃になるように逆算してつくる。だからカクテルが出てきたら三秒以内でひと口つけてほしい。あとはいい。自分のペースでゆっくり飲んでも、会話を愉しんでいただいても最初の一口の味は最後まで舌が覚えているそうだ。彼のカクテルが飲みたくなったら、逢いにゆくといい。無理なら、この本で我慢していただきたい。

福

バーテンダー
福島勇三の軌跡

1926（大正15）年埼玉県秩父市生まれ。1945（昭和20）年5月に陸軍航空整備学校へ入学、職業軍人を志望していたが同年8月に終戦を迎える。戦後しばらく実家で農業に従事。そのころ米軍が入間市に進駐、噂をたよりに職を求めてジョンソン米軍基地（埼玉県入間市）へ行くと、偶然がかさなったことからバーテンダー人生を歩むことになる。翌年の1948（昭和23）年に三沢空軍基地（青森県）の将校クラブへ転属。ジョンソン基地の下士官クラブとちがい、軍のトップクラスしか入場を許されない三沢基地の将校クラブはすべてが一流で、将校クラブでの3年間の修行がその後を支える基礎となる。いつでも笑顔を絶やさないことから「スマイリー」と呼ばれるようになり、ネームプレート「SMILEY」を贈られる。三沢基地から再びジョンソン基地に戻り、その後将校向けのホテルだった新潟ホテルに転属。さらに1954（昭和29）年神奈川県の箱根強羅ホテル（米軍接収ホテル）に転属となり、以後10年間を過ごす。1964（昭和39）年にざくろグループ初のフレンチ・レストラン「シド」が東京赤坂にオープンし責任者として就職。1977（昭和52）年に厚生省・日本バーテンダー協会より特級バーテンダーに認定。1984（昭和59）年に東京都優良調理師バー部門で東京都知事より表彰。1993（平成5）年に東京大手町に開設された永楽倶楽部に移籍。1996（平成8）年に日本バーテンダー協会よりマイスター・バーテンダーの称号を受ける。1997（平成9）年に永楽倶楽部が赤坂山王に移転、現在に至る。2003（平成15）年国際バーテンダー協会よりインターナショナル・バーテンダーの資格を認定される。

カクテルは
世界の共通語なんですね

福島勇三物語

The Story of The Bartender

はじまりは、偶然という縁から。

今の人っていうのは、好きだからという理由でバーテンダーの道に入ってくる人が多いんですけど、私のころは戦争がありましてね。私は陸軍航空整備学校というところに入っていて、終戦になったんですね。

終戦後、しばらく家の事を手伝っているうちに、風の便りで進駐軍のほうで飛行機をスクラップするために日本軍で飛行機の整備をしていた人を募集している、なんて噂が流れてきたんです。当時はテレビもなければ情報もなにもない。米軍の進駐してきたジョンソン基地（埼玉県入間市）は私が飛行機の整備をしていた学校でして、家から自転車で四十五分くらいだったので、好奇心も手伝って行ってみたんです。

そしたら基地の入口に大きな立て看板が立てられ「ジャパニーズ・レイバー・オフィス」、その下に「日本人労務者事務所」と書かれていました。

ノックして事務所に入って行きましたら、偶然私の昔の上司が担当面接官だったんですね。それで、じつはこういう話を耳にしたので来てみたんですけどって話したら、「おまえバカいうなよ、軍の機密の飛行機を日本人なんかにさわらせるわけないだろ」っていわれました。「いちばんいいのはハウスボーイで、米軍将校たちの家の中を掃除したり、洗濯したり、庭の手入れをする仕事だな」と元上司はいうんです。たいていはハウスボーイと料理を手伝うメイドが一軒に二人いたんですよね。それか余力があるなら「ランドリー（洗濯屋）」だっていうんですよ。早速、明日から来いといわれました。

そうしたところが、私の田舎がちょうど夏祭りだったんですね。働き出すともう遊べませんから三日間だけ遊ばせてくださいって願い出たんです。元上司ですから遠慮なくそういうことがいえたんですね。

三日たって行きましたら、偶然その日に一人のバーテンダーが悪いことをして辞めさせられちゃいまして、その代わりにおまえがバーテンダーをやれといわれたんです。当時は横文字の職業なんて日本にありませんでしたから、自分には無理だと思ったんですが、「心配いらないよ、ちゃんと根回ししてあるから」と。

いきなり下士官クラブへ放りこまれると、これまた偶然ですが、同じ町の出身者がチーフ・バーテンダーとして働いていたんです。ただ、チーフ・バーテンダーといってもみんな団栗の背競べなんですけどもね。バーテンダーといったら、昔は客船に乗って船内でシェーカーを振って、寄港したときにその土地のカクテルをおぼえて、日本で模倣してつくっていたわけです。でも、私が進駐軍に入った当時は、まだそういう経験のある人がいなかったんです。米軍将校たちに、ああでもないこうでもない、あれをもうちょっと入れろ、なんていわれながら教わって、育てていただいたんですよね。

下士官クラブに入って最初の三ヶ月間は、臨時職員みたいなものです。その間に彼らに悪意を抱かれずに済めばそのまま本採用になって、辞めるまで使えるゲートパスが支給されるんですよ。ジョンソン基地に一年ほど居たら、バーの親方が三沢の将校クラブのほうへ転属になって、私ともう一人が連れて行かれたんです。三沢基地に

着いて将校クラブからゲートに迎えの人が来たとき、向こうはウェイトレスが二名来ると思っていたらしくニコニコしながら近づいて来ると、男二人が立っているんでがっかりしていましたね。

本場の舌に鍛えられた将校クラブ時代。

三沢はものすごく大きな空軍基地で、戦闘機、爆撃機、偵察機とあちこちから航空機が来てました。そのうちに朝鮮戦争が始まって、バーの飲み物にも変化が出はじめましたね。当時、進駐軍の人たちは公用以外ではほとんどベースの外に出ることはありません。ですから、将校クラブのバーはウィーク・デーは夕方五時になるとオープンなんですが、オープンしてものの十分くらいでカウンターから向こうが見えないくらい混み合うんです。一人ひとりにオーダーを訊いてつくっていたらとても間に合わないんですね。

向こうの人（アメリカ人）はとてもおしゃべりなんです。その日はじめて飲むことを「ファースト・トゥデイ」といってね、何人かで「チアーズ」って乾杯します。すると別のほうから「マティーニ！」「マンハッタン！」なんてオーダーがくるわけです。「イエス・サー」って返事をして一人ひとりにつくっていたら間に合わないので、「サムバディエルス？」って辺りを見回すと「アイ・メン！」だとかいろんなことをいいながら陽気に手を挙げてくれるんですよね。それでいっぺんに沢山つくってお出しするんです。

今みたいにカクテル・グラスって大きくありません。三分の二くらいの大きさでしょうか、もう三口くらいで終わっちゃうくらい。きっとそれをベースに招かれた日本人が見ていたんでしょう。カクテルは三口で飲むもんだよ、なんて吹聴しちゃったわけですよ。ですけどね、カクテルは絶対に三口で飲み終えたりするもんじゃないんです。それぞれ個人のペースに合わせて、強い人は五分くらいで飲む人もいれば、アメリカ人は平均してだいたい一杯を十五分くらいかけて、おしゃべりしながらゆっくり飲むんですよね。

　米軍将校のなかにはカクテルにうるさい人もいましたね。素人がつくっているようなものでしたから、「ちがうよ、もっとジンを入れろ！」「もう少しベルモットを加減して！」とか、「オリーブ三個入れて！」とかね。そんな雰囲気のなかで鍛えられました。それと同時にカクテルにまつわるお話も将校の方々にたくさん教えていただきました。

　たとえば、「ハイボール」というカクテルの名前のついた謂われに面白いお話がありましてね。これはメジャーリーグができる前の、ずっと昔のことです。

　日本でも草野球といったら見物人は土手でもって観戦しますよね。アメリカでも今日はどこそこで試合があると聞くと、それぞれ自分の家でつくった飲み物を持参して集まってくるわけです。飲みながら観戦していたらファールフライが観客の方へヒューっと上がって、当時はバックネットも何もありませんから、おぉ、ってボールを避けたとき、となりの人に「おまえさんは何飲んでんだ？」と聞かれて、「ハイボール！」。それがハイボールのはじまりだって話があるんです。

写真右：三沢基地時代の福島勇三氏

カクテルもアメリカでは「コック・テイル」というんですね。昔はカクテルを混ぜるためのバー・スプーンもマドラーもないため、雄鶏の尾（コック・テイル）をバー・スプーン代わりに使ったからそう呼ばれるようになったとか。

別の話もあります。

アメリカでは禁酒法（一九二〇〜三三）以前は夜通し開けている酒場が多かったようで、あるバーで珍しいものをいろいろ混ぜて飲みものを出していたらしいんですが、それをお客様が「こいつは何ていう飲みものなんだ?」と訊いたときにちょうど朝を告げる雄鶏がコケコッコーと鳴いたそうです。それでニワトリが告げるコック・テイル、そんな話もあるみたいですよね。

私は三沢基地から再び入間のジョンソン基地に帰りました。すると今度は新潟の基地に転勤する将校の方がいまして、「おまえも新潟へ来なさい」と連れて行かれたんです。

たいてい将校は三年くらいで勤務先が変わるんです。あるいはその途中で母国へ帰る人もいるわけですが、私を新潟の基地へ連れてきた将校は、アメリカへ帰る前に後任の人にしっかり「こいつを頼むぞ」って申し送ってくださいました。

なんでしょうか、私は行く先々で本当に周りの人に恵まれてきたんです。自分の意志で動いたことはないんですよ。そうやってあちこち連れまわしていただいたお陰で、いろんなことを覚えました。ずっとひとつの基地の中だけにいたら、おそらく限られたカクテルしかつくっていなかったと思うんです。本当に幸せなことだとつくづく思います。

将校クラブから町場のバーへ。

そのあと、米軍のリゾートホテルとして接収された箱根の強羅ホテルに呼ばれて行きました。私は箱根でバーテンダー人生を終えると思っていました。ですから、箱根で結婚して箱根で家を買ったんですね。

すると今度は東京へ呼ばれたんです。日本料理のざくろグループが赤坂に初めてバーを出すので来いということでした。それも偶然で、私の下でバーテンダーをしていた人が推薦してくれたんですね。それで、ざくろグループの社長に面接され即採用ということになったわけですが、履歴書を出していないのは千数百人の社員のなかで私だけだったそうです。

東京赤坂ＴＢＳ会館のフレンチ・レストラン「シド」は本当に特別なお店でした。さまざまな企業の方、国内外のお客様が数多くお見えになったんですね。一流の雰囲気の漂うお店でした。

それから、早稲田大学創立者の大隈重信侯の意志を継いで創設された社交クラブ「永楽倶楽部」が大手町野村ビルに開設される際に、チーフ・バーテンダーとしてスカウトされて現在に至っています。それまで永楽倶楽部にバーはなかったんですね。ちょうどスカウトされる前の年にざくろグループの社長が亡くなられたんです。もう存分に働かせていただいたしどうしようかな、年も年だしってところにそういうお話をいただきました。永楽倶楽部では一人でも多くのお客様に英気を養っていただいて、安息の場にしていただきたいと願っています。というのも比較的年配のお客様が多いですから。

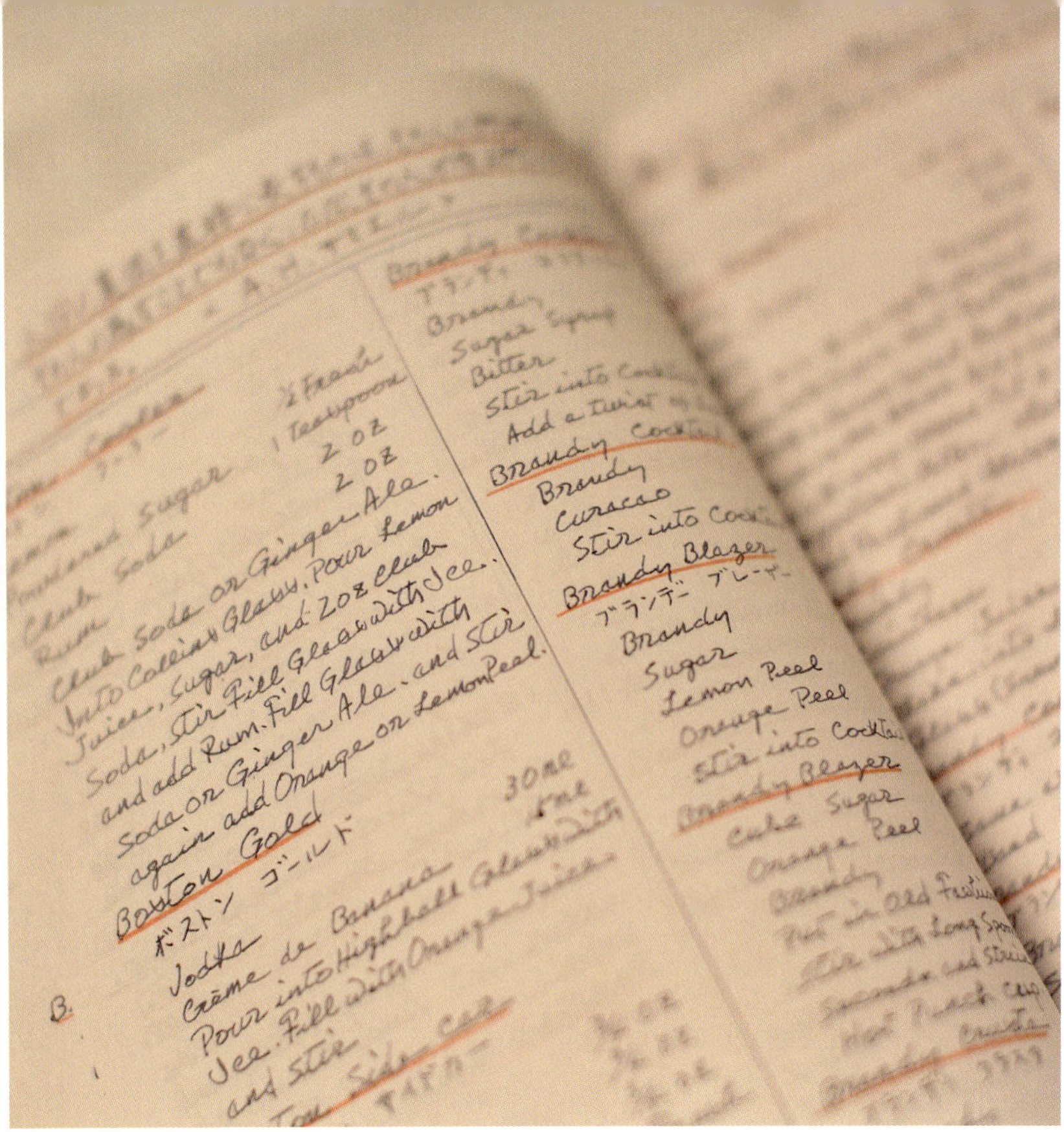

若き日に作成した福島氏自身のためのカクテルノート。

根本はやっぱりアメリカン・スタイル。

どういうバーテンダーが理想かというと、やっぱりお客様に喜んでいただけるカクテルをお出しできるバーテンダー、これに尽きると思います。決して手抜きをしないということです。

今はカクテルのレシピ本はいろんなものが売られていますが、私たちのころは何もないんです。バーテンダーの道を歩んで十数年してからでしょうか、アメリカの『ミスター・ボストン・バーテンダーズ・ガイド』というカクテル・ブックを向こうの人が持ってきてくれて、あとは英国の『サヴォイ・カクテル・ブック』が出て、それから日本バーテンダー協会のほうでも出すようになりました。ですから私のカクテル・レシピは、米欧日の三方から入ってきたものが主流になっているんです。ただ、私の根本はやはりアメリカなんですね。

カクテルの本場はもともとアメリカです。禁酒法になったので、アメリカのバーテンダーがヨーロッパに渡ってカクテル文化が世界に広まったんです。私は米軍基地がずっとベースでした。ですからどうしてもアメリカン・スタイル、あるいは進駐軍スタイルが基本にあるんです。

たとえばギムレットだと通常はシェークしてショート・グラスで出すのですが、進駐軍スタイルではロック・グラスでステアして出す、というふうに違ってきます。

町場のバーで育っていない私は日本のウイスキーやリキュールを使っていません。たぶんそういうものを使って同じ分量でカクテルをつくっても、作品は一つもつくれないと思いますね。

ニックネームは「スマイリー」。

私の場合、バーテンダーの苦労話というのはないですね。まず、最初に勤めたジョンソン基地は、戦時中に飛行機の整備をやっていたところでしたから、よその土地に就職したような気がしませんでした。

それと、今の人とちがって私たちの世代の日本人って、わりと表情の硬い人が多かったんですよね。まして異国の人が相手の仕事ですから、何かいわれると過剰に緊張してしまう。その点、私は肩の力が抜けていたのかわからないですけど、ニコニコしていたのでしょうね。「スマイリー」というニックネームをつけられました。

その前には「カーリー」と呼ばれていました。この道に入った当初、町場ではリーゼントヘアが流行っていました。長めの髪

スマイリーのネームプレート

をオール・バックにするのが主流だったんです。ところが基地に入りましたら、日本人が仕事をしながら前髪が下がるのは不潔だというんですね。当時の米軍の人たちは昔の大工さんみたいな角刈りで、いわゆるGIカットにしていたんです。それで私たちもGIカットにしたんです。そうしたら私はくせ毛なものですから前髪が少しカールしていたんですね。カーリーとあだ名をつけられたんです。

　スマイリーという名は長かったですね。箱根の強羅ホテルまでずっとスマイリーと呼ばれていました。そのあと、初めて町場に出てきたのが赤坂にあるTBS会館のフレンチレストラン「シド」です。ここでは、慣れてきたお客様からは赤チョッキだとかマスターと呼ぶ人もいましたが、チーフと呼ばれるのがいちばん多かったですね。

バーテンダーという仕事。

　バーテンダーとして楽しいと感じるのは、カクテルをお出ししたときに、お客様がちょっと口をつけてくださった瞬間の表情なんですよ。それをこう、ちらっと見たときのうれしさというものの積み重ねが、バーテンダー冥利につきますね。

　カクテルは一杯一杯が真剣勝負です。昨日うまくいって今日だめだったっていうんじゃもうだめですよね。初めて見えたお客様でも、しょっちゅうお見えいただくお客様でも、一杯一杯本当に真心こめて慎重につくってお出ししませんと、「ちょっと今日の味は？」なんてお客様が疑問を抱きますと、だんだん来ていただく足が遠のいてしまいます。お客様が表に出られたときに「今日はあそこへ行ってよかったな」と、ほんの少しでも感じていただければと思っています。

とにかくバーテンダーをしていると気配り目配りがいちばん身につきます。たとえば、お客様が入っていらして顔を合わせたときに「今日はちょっとお疲れかな」とか、瞬間に感じ取れるようになれますね。ですから、いつも決まったものを召し上がるお客様でも、いつも同じに飲みものをつくっていたらだめなんです。季節というか、その日その日で体調が少しずつちがいますよね。ですからお客様の体調に合わせて、甘酸味を使うときはレモン・ジュースを二滴くらい多く入れたり、逆に少なくしてみたり、お客様にわからない程度に細工してお出しするんですね。そうするといつお見えいただいても、あそこのバーはいつ行っても同じものを出してくれると思われます。

私が飛行機の整備をしていたときは、毎朝操縦席に座ると自分の気持ちも飛行機の気圧計もゼロに合わせるんですね。毎日微妙にずれていますから。それと一緒でね、私の場合はその日いちばん最初に氷に触ったとき自分の体調がわかるわけですよ。それでもってゼロに合わせてニュートラルにするんです。毎日、ワイシャツを着替えて、蝶ネクタイをすると、スイッチがオンになります。それで氷にさわると「今日はこうか」ってわかります。

そんなふうに意識したのは、この道に入ってすぐだったと思います。私は幸せなことに、キューブド・アイスって製氷器でつくる氷は使ったことがなくて、天然の氷をずっと使っていますから、氷をさわったときの感覚がしみついてると思います。製氷器から出てくる氷は、本当の氷じゃないですから。ちょっと炭酸ガスみたいなのが微妙に残るみたいです。それに氷結する温度が全然ちがうんですよね。ですから、ステアしながらグラスの外側から親指の腹を伝って中の温度を感じとっていても、製氷器の氷だとなかなか冷えないんです。氷の硬度がちがうからだと思います。

いちばん大切にしていることは「冷たい物は冷たく、熱い物は熱く仕上げる」ことです。

冷たいカクテルを口に含んだときにもっともおいしく感じられるのは、生ビールのサーバーから出てくるときの温度だといいます。大体6℃ですね。ですから、お客様の口に運ばれるときにちょうど6℃になるように逆算しておつくりするわけです。お客様のなかにはオーダーして何処かへ行ってしまい、しばらくしてから帰ってこられる方もいらっしゃいますから、そのあたりも見計らいながらカクテルをつくらないといけないこともあります。

カクテルは、お出しして三秒くらいして口をつけたときがいちばんおいしいんです。そのときにほんのちょっと口をつけていただくだけでかまわないんです。あとは頭のなかで味ってものを憶えていますから、お話しながら時間をかけて召し上がっても、その味がずっと続いているっていう感じで召し上がっていただけるんですよ。それがカクテルを上手に楽しむコツでもあり、バーテンダーに対するお客様の思いやりだと思っています。

カクテルはバーテンダーの履歴書。

「カクテルは消えてなくなる芸術品」とも

いわれます。

でも結局はバーテンダーの気構えだと思います。いくらきれいに仕上がったカクテルをお出ししても、心のこもっていないものは芸術にはならないですよね。ですから、繊細な面を盛り込んでお出ししたときのカクテルは、自分の経験年数によってそのときの自分の姿が投影されて形になっているんだと思うんですよね。つくり手の内面が表現される。その人が若いときにどこでどういうふうに修行をして、どれだけの苦労の末にこれだけの器になったか、端的に表れてしまうのが飲み物なんですよね。カクテルそのものが自分の履歴書を見ていただいてるということです。

そういうことを微妙に感じとっていらっしゃるお客様も少なくありません。それと自分の好みを基準にお店を選んでいらっしゃいますね。またお客様同士での情報交換も多いようです。ただ、これはおすすめのバーだとお話されても、聞いた人がそこへ行って果たしてそれが自分に合うかどうかはわかりませんけどね。

本当にこの道っておもしろいですよね。バーテンダーの仕事をいくらやっても毎日少しずつ変化があるんです。それこそ気圧の変化じゃありませんが、毎日が新しい発見です。

カクテルはこれでいいという完成形がないですからね。バーテンダーには終着駅がないんです。だから本当にやりがいがありますよね。私もいつかはシェーカーを置くときがくるでしょうけれど、そのときまでは立ち止まることを許されないんです。ぼんやりしていたら後からくる人に追い越されてしまいますからね。

カクテルは世界の共通語なんですね。

バーという空間は私たちバーテンダーがつくり出すものではなくて、お客様がつくりだすものなんです。お客様ご自身が楽しんでいただけるのがいちばん良いんですよ。肩肘を張らずに気軽に入っていただくのがいちばんです。

もしも変に緊張させられるようでしたら、それはバーテンダーの責任なんですよ。慣れないバーテンダーはお客様が入っていらっしゃると、自分の知らないカクテルをオーダーされたら困るなあと、ちょっと緊張していて、その意識がパッと顔の表情に出るわけです。そういう緊張感をお客様にも伝染させちゃうんです。それがね、長年やっているとだんだんずうずうしくなって狸親父になってきますから。

私にとってバーテンダーをひと言でいったら「天職」ですね。これほどすばらしい職業はないと思っています。普段ならとっても口を利いていただけないようなあらゆる分野の方たちが、気安く話しかけてくださったりしますから。

とにかくやりがいのある仕事ですね。ずっと伝わってきているカクテルを、自分の持てる技量でさらに磨き上げながら次の世代にバトンタッチしていくこと。それがバーテンダーの使命だと思っています。カクテルというのは、昔からずっと名前も変わらず私たちに受け継がれてきている、この不思議さというのが魅力なんですね。たとえばサイドカーっていえば、どこの国でも通じるわけです。世界のどこでも、注文すれば同じものが出てくるんです。カクテルというのは「世界の共通語」なんですね。

今よりすばらしい一杯をつねに追い求める福島氏の
くゆらすタバコの煙が「夢」という文字に見えた。

白洲次郎のマティニ

白洲さんは立居振舞が英国紳士そのものでしたね。お約束の時間の十五分前にはかならずお見えになって、バー・カウンターのいつも決まったスツールに座ります。それから三重ねの背広のポケットから懐中時計をとりだして時間を確認するんですね。懐中時計をポケットへ仕舞うのを見届けて、

「いらっしゃいませ。白洲さん、いつものでよろしいでしょうか」

と声をおかけするんです。白洲さんはいつも決まってドライ・マティニなんです。食前に二杯召し上がってダイニング・ルームのほうへ移られましたね。

最初は難しいお客様だと思いましたが、そのうち馴れてきたら世間話もしてくれるようになりました。なかでも印象に残っている話があります。白洲さんが十数年ぶりにイギリスにおいでになったとき、昔よく通っていたパブへ行ってみたそうです。イギリスは立ち飲みが多いそうで、いつも自分がいたカウンターの前に立っていると、バーテンダーが何もいわずに昔飲んでいたものを出してくれたそうです。

「お前さんも年を取ったら、それぐらいのバーテンダーになれよ」

と、よくいわれました。

Martini

Dry Gin	60ml
Dry Vermouth	1ml
Olive	1個

三島由紀夫の掌のぬくもり

Brandy

三島先生は警視庁の剣道の出稽古へ行った帰りに立ち寄られることが多かったんですね。ですから、剣道の防具をそのまま竹刀にさして地下一階まで下りていらして、

「先生、剣道のお帰りですか」とお訊きすると、

「うん」

といってニコッとされていました。三島先生も白洲さんと同じように座る席がいつも決まっていましたね。いつもブランデーの入ったスネハー・グラスを掌で温めながら、香りが立ちのぼってきたら少しずつ召し上がっていました。余計なことはあまりおっしゃいませんでしたね。

先生が亡くなる前の晩、あるご婦人が表通りの本屋で三島先生の本を買って食事にきていたところ、レジのそばへ電話をかけにきた三島先生の姿を見て、慌てて本を持ってサインをしてくださいと駆け寄っていきましたね。最後にサインをもらったのはあのご婦人だったんじゃないでしょうか。その晩の先生は、翌日先生を介錯された方とお二人で小さい声でお話されて、いつものようにブランデーを召し上がってお帰りになったんです。いつもよりはちょっと表情の硬いような、そのくらいしか変化はありませんでした。

宇津井健のいつもの

宇津井健さんがお見えになるときは、いつも三人くらいでおいでになっていました。バー・カウンターでの座る席はやはり決まっていました。もしその席が空いてないときは表のロビーでお待ちになっていましたね。飲まれるものは、いつも決まってジン・ソニックでした。このカクテルは宇津井さんのオリジナル・カクテルなんです。ジンをトニック・ウォーターで割ればジン・トニックで、ソーダ・ウォーターで割ればジン・リッキーになっちゃうんですよね。それじゃ、ソーダとトニック両方で割れば「ソニック」。そういうことでジン・ソニックというカクテルができたんです。自分が生み出したカクテルですから可愛かったんでしょう。宇津井さんはジン・ソニック以外はお飲みになりませんでした。今はもうジン・ソニックを知らない方のほうが多いんです。でも「ジン・トニックだと、ちょっと甘いんだよね」とおっしゃるお客様には、「こういうのもございます」といってジン・ソニックにしてさし上げると喜ばれますね。ですから宇津井さんのジン・ソニックは今でもかなりお客様にご好評をいただいているカクテルなんです。

Gin Sonic

Dry Gin	30ml
Soda Water	適量
Tonic Water	適量
Slice Lime	1枚

Smiley
想い出のカクテル
1

キューバ・リバー

Cuba Libre

Rum 45ml, Lime Juice 10ml, Coke add Cut Lime

進駐軍に入って半年目ぐらいですかね。いちばん最初につくらせていただいたカクテルがキューバ・リバーだったんです。最初のクリスマス・イブがありまして。そのときはものすごく忙しいものですから、私より先に入ったバーテンダーだけでは追いつかないものですから「今日はなにかつくっていいよ」といわれて。今日みたいな日は味わって飲むようなお客様はひとりもいないんだから、とにかくなんでもいいからやってみな、といわれてつくったのがキューバ・リバーなんです。

見よう見まねでしたけど、かなり同じようにはできていたと思うんですよね。だって未だに自分でつくってお客様にお出ししている本当の味っていうのは、私自身掌握していないものもかなりありますから。

年々、生活環境がちがってきまして、お客様の舌の嗜好感覚も変わってきますね。ですから、時代時代に合わせた味覚をちょこっと匙加減をしていかないと、取り残されたバーテンダーになってしまいます。時間をかけてお客様にわからない程度に少しずつ改革しているんです。

キューバ・リバーのレシピはラムとコカ・コーラです。日本のコカ・コーラは極東向けで、進駐軍時代のコカ・コーラとは味も炭酸のシュワーとくる感じが全然ちがいますね。

今はほとんど、キューバ・リバーをご存じのお客様がいらっしゃいませんよね。ですから、なにか変わったものであまりキツくないものをといわれたら、これをさし上げることもあります。一年に二、三回でしょうか、本当にお酒の弱い方にラムの量を加減して使ってコカ・コーラを多めにして。

福島勇三が語る

バーの愉しみ方

とりあえずビール、
これはよくありませんね。

カクテルの歴史

酒に他の材料をミックスしてつくった飲みもののことを「カクテル」といいます。カクテルの歴史は古く、古代ローマ時代にはワインを水で割って飲んだり、古代エジプトではビールに蜂蜜などを入れて飲んだりしていました。カクテルという言葉が生まれたのは十九世紀初めのころだといわれていますが、十九世紀後半に製氷機が発明されると四季を通じて冷たいカクテルが飲めるようになり、世界に広がっていきました。とくにアメリカでカクテル文化が花開き、第一次世界大戦でアメリカの軍人によってヨーロッパへ伝播しました。さらにアメリカに禁酒法（一九二〇〜一九三三）が施行されると、バーテンダーたちがヨーロッパやキューバなどに流れてアメリカン・スタイルのバーが広がり、カクテルのレシピ本も出版され、世界中で同じようにカクテルが楽しめるようになりました。

第二次世界大戦後は時代とともにさまざまな様式のバーが流行り、カクテルも数え切れないほどの種類が誕生したのです。しかしながら最近は伝統回帰的な風潮になり、世界的に昔ながらのオーソドックスなカクテルを好むようになってきています。

バーの歴史

バー（BAR）は、アメリカの西部開拓時代（一八三〇〜一八五〇）に誕生しました。当時の居酒屋は樽から直接ウイスキーをグラスに入れる量り売りで、酔客のなかには自分で勝手に樽から注いで飲むひとがいました。そこで、店では樽と客席を仕切るた

酒呑みは時として
文化を創造してゆくことがある

めの横木＝BAR を通して客が樽まで来られないようにしました。のちに横木がカウンターの横板になり、対面販売をするようになってバー（BAR）という名称になり、カウンターをはさんで客の注文を訊いて対面販売する者は、酒場（Bar）の世話人（Tender）＝バーテンダーと呼ばれるようになったのです。

日本において日本人を対象にしたバーは、一九一〇（明治四三）年の東京日吉町（現銀座八丁目）にオープンした「カフェ・プランタン」が最初で、翌年に尾張町（現銀座七丁目）の「カフェ・ライオン」がバーテンダーのいる店としてオープンしました。バーテンダーという職業が定着するのは大正末期から昭和のはじめにかけてで、この頃が日本のバーの黎明期といえます。

第二次世界大戦後、数年経つと復興の兆しとともに都会を中心に町場にバーが広がってきます。米軍基地の将校クラブや進駐軍に接収されたホテルや会館で本場の客に鍛えられたバーテンダーも多く町場へと移り、経済成長とともに世界に通用する本格的なＢＡＲ文化が発展していったのです。

カクテルは剎那に瞬く水の宝石

カクテルをつくる技術

カクテルとはベースになる酒に何かほかの材料を混ぜ合わせてつくるミクスト・ドリンクのことです。混ぜ合わせ方には基本的に4つの方法があります。

①「シェーク」

シェークはシェーカーに氷と材料を入れ振って急速に混ぜ合わせるテクニックです。お酒がまろやかな口当たりになります。

②「ステア」

ステアはミキシング・グラスに入れた材料をバー・スプーンで混ぜ合わせるテクニックです。シェークに比べてドライな味になります。

③「ビルド」

ビルドは材料をグラスに直接注ぐやり方です。

④「ブレンド」

ブレンドはブレンダーで材料を混ぜ合わせる方法です。よくクラッシュドアイスを入れてフローズン・スタイルのカクテルなどに使われます。

カクテルの種類は「ロング・カクテル」と「ショート・カクテル」の2つがあります。

①「ロング・カクテル」

ロング・カクテルは酒を炭酸やジュースなどで割ったアルコール度数の低めのカクテルです。ゆっくり時間をかけて飲めます。コールド・ドリンクとホット・ドリンクがあります。

②「ショート・カクテル」

ショート・カクテルはアルコール度数の高めのカクテルです。小さめのカクテル・グラスで飲むカクテルで、見た目も美しく優雅で上品さの漂う芸術品です。

カクテルづくりの基本の道具

カクテルをつくるための主な道具は四つあります。

①「メジャーカップ」

メジャーカップは酒やジュースなどの量を正確に計るもので、大小の二つのカップが一緒になっています（大カップが四五ミリ・リットル、小カップが三〇ミリ・リットル）。

②「シェーカー」

シェーカーは氷と酒などの材料を入れて、手で振って急速に混ぜ合わせると同時に短時間で冷やす道具です。

③「バー・スプーン」

バー・スプーンはステアしたりフロートするときに使う道具で、両端がフォークとスプーン（スプーン一杯の量が 1 tsp. と呼ばれます）になっています。

④「ミキシング・グラス&ストレーナー」

バー・スプーンで氷をステアして材料を冷やすのがミキシング・グラス、注ぐときに氷を押さえて蓋になるのがストレーナーです。

これだけは押さえておきたいバーのマナー

服装について

最近は昔とちがい、バーだからといってとくに服装を気にする必要はありません。店の雰囲気を壊したり、他の客に不快な思いをさせなければ問題ありません。ただし、ホテルのバーなどではジャケット着用などのドレスコードのあるバーもあります。

バーは少人数で愉しみたい

カウンター中心のオーセンティック・バーは、ひとり二人と少人数で愉しむ方が多いので、人数の多い場合はなるべく避けるようにしましょう。カジュアルなバーであれば大人数でもあまり気にすることはありません。

座る席はバーに合わせて

多くのバーでは、バーテンダーが席を案内

します。とくに何もいわれない場合でも座る席をバーテンダーに聞くことをお薦めします。バーテンダーは客の皆が気持ちよく飲めるようにいつも目配りしてコントロールしています。

グラスを合わせる乾杯は避ける

バーで使っているグラス類は居酒屋などにくらべて高価なものを使っていますから、乾杯の際にグラスを合わせるのは避けましょう。乾杯するときは各自自分の眼の高さにグラスを上げて乾杯するようにするとオシャレです。

状況に合ったトーンで会話する

バーには落ち着いた雰囲気のバーや陽気に会話を愉しむバーなどさまざまです。声の大きさは状況判断でそれぞれのバーに合ったものに調整しましょう。他の客にむやみに声をかけるのは避けましょう。

スマホ撮影は確認してから

最近はスマホなどで料理写真を撮る方が多くなっています。綺麗なカクテルはとくに撮りたくなると思いますが、バーテンダーに確認や許可を得るようにしてください。

灰皿を出してもらってタバコに火を

喫煙できるバーでもカウンターにあらかじめ灰皿の置いていない店も多くあります。喫煙する場合は灰皿を出してもらってからタバコに火をつけるようにしましょう。

長っ尻は避ける

バーで飲む時間は自由ですが、だいたい一時間から二時間をめどにしたいものです。

構えずに気軽に入って愉しんでください

福島勇三の、バーの愉しみ方

　今のバーは、すごく大衆的なところとすごく気取ってるところと、大きく分けると二種類くらいに分かれるんじゃないでしょうか。ただ、どこのバーに行っていただくにも、短パンでサンダルというのはひかえていただくほうが、お店からも好感をもって迎え入れていただけますよね。

　バーに入ってから今日は何をオーダーしようかとお考えになったときに、いくつかのレパートリーがあるといいですね。

「今日はとりあえずジン・トニックでいこうか」とか「カンパリ・ソーダにしようか」とかね。最初はそのくらいから入って、それで二杯目からご自分の好きなものを召し上がる。そういう流れが無理なくて良いと思います。

　ところが、日本人の方は「まずビール」って方が多いですよね。あれはいちばん危険な飲み方なんです。アルコール度数の弱いものから強いものに移っていくと、舌がマヒされてますのでアルコールの強いものが出てきても感じなくなるんです。

　ですから、夕方になってこれから食事なんていう場合は、ふつうぐらいの飲み手の方でしたら最初にドライシェリーなどがいいんですよね。量が少なくても胃の収縮をよくしてくれますから食欲が出ますし、あとはドライ・マティニなんかは定番です。最初からアレキサンダーだとか甘いものを召し上がっちゃいますと、どうしてもあとの食事がおいしくないですから食後の愉しみにとっておいてください。

　それから、「とりあえず、水割りを」という注文の仕方はだめです。とくにバー・スコッチはどんなものか分かりませんからだめです。どうしても水割りを頼むのであれば、銘柄をつけて注文してください。

昔はね、食前酒だ食中酒だ食後酒だと、悪いことをいうと西洋かぶれした人がそんなふうに気取って飲んでいらっしゃいましたけど、今はそういったT.P.O.というのは関係ないですよね。ほとんどオール・ディ・ドリンクです。

ただ食事をするお客様は最初から甘いものは召し上がりません。どこかで招待された場合、たとえば「先に行ってバーで飲んでて」といわれたときも、いきなり食後酒ではなくて、軽くドライシェリーとかジン・トニックあたりで、皆々様がお揃いになるのをゆっくりお待ちになるというのがいいですよね。

カクテルのことをよく知らなくても、もちろん大丈夫です。どんなものを飲みたいかを気軽にバーテンダーに訊いてみてください。たとえば、

「あんまり飲み物のこと知らないんだけど、今日はこんな気分なんだけど」

「あんまり強くないもの」

「ちょっとドライめがいい」

「ちょっと甘めがいい、何かありますか」

とかおっしゃっていただければ、お口に合ったものをすぐにお出しできますから。

バーの空間は、バーテンダーが雰囲気をつくり出すものではなくて、お客様ご自身が愉しんでつくっていただくものなんです。ですから、肩肘を張らずに気軽に入っていただくのがいちばんです。バーテンダーにとっていちばん良いお客様というのは、周りの他のお客様に迷惑をかけずに、バーを心から愉しんでいただける方なんですから。

ファーストカクテルに
ジントニック、サイドカー、
ジンフィズなどを注文されると
バーテンダーは緊張します。
シンプルなものが、難しいんです。
その店の味がわかるんですね。

SMILEY

First Cocktail

Gin Tonic

何を飲もうかな？ とりあえずの１杯。マラリアよけのためにキナの樹皮エキスのキニーネを含んだトニック・ウォーターとドライ・ジンが醸し出す素晴らしいハーモニーが楽しめます。初めてのお店に入っても、ジン・トニックの美味しいお店なら、ほかのカクテルもハズレがないといわれる一品。

Dry Gin	40ml
Tonic Warer	適量
Slice Lime	１枚

Charlie Chaplin

喜劇の王様といえば、日本ならエノケン、ロッパ（古川緑波）、シミキン、外国ならチャーリー・チャップリン。そんなチャップリンの軽い、ノリノリ気分に浸れる一杯。スロー・ジンとは、ジンに西洋すももの一種スローの香りをつけ甘みを加えた濃赤色のリキュールのこと。

Sloe Gin	20ml
Apricot Brandy	20ml
Lemon Juice	20ml

Campari Soda

苦味酒の小ブームを起こしたカンパリソーダ。講談社の『世界の名酒事典』(昭和53年初版発行の洋酒1853点の徹底ガイド）によると、カンパリは何を配合しているかは分からないとされていました。平成になって同書に、イタリア ミラノのガスパーレ・カンパリが1860年にオランダ風苦味酒として創製、ビター・オレンジをはじめとする30種以上のハーブを配合してつくると記されています。

Campari	45ml
Soda Water	適量
Slice Orange	1枚

Martini

カクテルの王様マティニ。私のレシピは1947年当時の処方です。朝鮮戦争の頃からドライ・ドライマティニと要望が進み、現在この処方は忘れ去られています。バーテンダーが100人いれば100通りのマティニが出てきます。材料はまったく同じものを使いますが比率が変わるのです。バーテンダーの名刺代わりのカクテルともいわれています。

Dry Gin	45ml
Dry Vermouth	15ml
Olive	1個

Manhattan

カクテルの女王マンハッタンは豊かな香りが特徴。名前の由来には諸説あります。マンハッタン島の酋長が酒場で白人にたっぷり飲まされた挙げ句にだまされ、酔った勢いで島を25ドルで売ってしまいました。酔いから醒めて気がついたときは後の祭。以来、その部族は酒に酔った人をマンハッタンと呼ぶようになったと伝えられています。

Rye Whisky	45ml
Sweet Vermouth	15ml
Angostura Bitter	3滴
Maraschino Cherry	1個

※3滴はビターズボトルを一振りして出てくる量=1Dashとほぼ同量。

カクテルは三口で飲むものだよ、
なんていう方がいますけど、
そんなことはありません。
おしゃべりしながら
個人のペースでゆっくりお飲みください。

SMILEY

Standard Cocktail

Side-car

パリの〝ハリーズ・バー〟のハリー氏の作品ともいわれています。バイクの横に舟形の座席を取り付けた乗り物、サイドカー。日本の粋人は横車といいます。カクテル名については第一次大戦中、アメリカの軍人がよくこれに乗って酒場に来たところからついた名だそうです。爽やかな味が人びとを惹き付けます。

Brandy	30ml
Cointreau	15ml
Lemon Juice	15ml

Mockingbird

モッキンバードとはメキシコ原産の小鳥マネシツグミのこと。ほかの小鳥の鳴き声をまねする〝ものまね鳥〟といわれています。ベースのテキーラがメキシコ原産。ペパーミントを使った美しい緑色が森の中を想わせる、ライム・ジュースの清涼感が心地よいカクテルです。

Tequila	30ml
Peppermint Green	15ml
Lime Juice	15ml

Negroni

イタリアのネグローニ伯爵がフィレンツェにあるレストラン〝カソーニ〟でアペリティフとして好んで飲んでいた飲み物を、この店のチーフバーテンダーフォスコ・スカルセリ氏が1962年にネグローニ伯爵の許可を得て発表して以来、世界的に有名になったカクテル。深い赤色とほろ苦さが特徴の大人の飲み物です。

Campari	20ml
Dry Gin	20ml
Sweet Vermouth	20ml
Slice Orange	1枚

X・Y・Z

エックス・ワイ・ジィという謎めいた不思議な名前のカクテル。アルファベットのＸ・Ｙ・Ｚのあとには、何もないということ。これ以上はない究極のカクテルといわれている説が有力なようです。また最後のシメに飲む一杯ともいわれています。飾りは一切なし、シンプルな仕上げはまさに究極の味。

White Rum	30ml
Cointreau	15ml
Lemon Juice	15ml

Hunter

ハンターは、チェリー・ブランデーの甘さと香りが魅力のカクテル。日本ではウイスキーをベースにしたカクテルとして有名ですが、欧米ではほとんど知られていないようです。昔から山岳部でつくる酒にはなぜかチェリー・ブランデーが用いられていました。山で生活する狩人に想いを馳せてつくられたカクテルかもしれません。

Rye Whisky 40ml
Cherry Brandy 20ml

グラスホッパー

Grasshopper

Créme de Menthe Green 20ml, Créme de Cacao White 20ml, Cream 20ml

三沢基地の将校クラブにいたころ、この道に入ってちょうど三年目くらいですから、かなり生半可なものができるようになって。で、気のゆるみっていうんでしょうか。ああ、ようやくバーテンダーらしくなったなあぐらいで、ちょっと生意気になっていましたから。

先輩がつくっているのをずっと見てきましたからね、グラスホッパーにはナツメグをふりかけるものだと思って、つくってさし上げたんですよね。そうしたら、将校の奥様が「これは違う」と言ってグラスを返されたんですよ。こっちも生意気な盛りでしたから「これが本当のグラスホッパーです」ってそのまま引っ込めなかったんです。

それから一週間ほど経ったときでした。アメリカの基地の中には『ニューヨーカー』だとか『ルックス』だとか数種類の雑誌が毎週ドーンと届いて、あちこちのテーブルに置かれるんです。それでバーカウンターにあった一冊を手にとって見ましたら、グラスホッパーが載ってまして、ナツメグを使っていないんですよね。それで慌てて「ああ、これだ」と思って、そのお客様がいらしたら謝ろうと思ったんですけど、とうとうお見えにならないで国へ帰られちゃったんですよね。

ですからこのグラスホッパーだけは、チャンスがあってそのお客様にお目にかかれたら心からお詫び申し上げたいと思っています。本当にこれだけは生涯忘れないですね。

今はうちでもね、食後によくこのグラスホッパーが出るんですよ。ですから、つくるたびにそのときの光景が頭にビーンときて余計に緊張するんです。

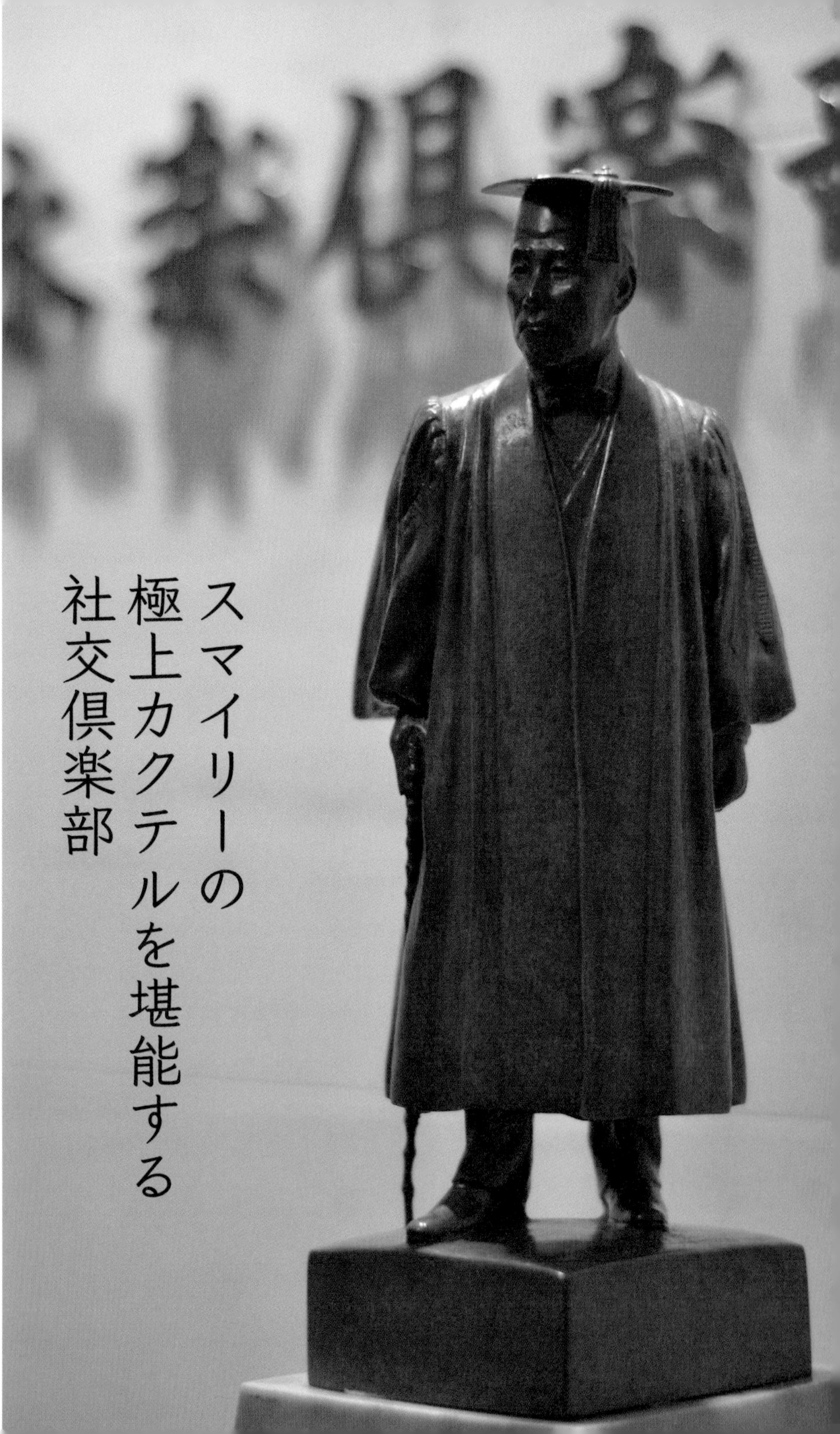

スマイリーの極上カクテルを堪能する社交倶楽部

百年の歴史を誇る「永楽倶楽部」

永楽倶楽部は一九一五年（大正四）に創立された会員制倶楽部で、日本でもっとも歴史のある社交倶楽部のひとつである。早稲田大学創設者の大隈重信侯の「早稲田大学出身者同士の親睦を深めるため」という想いで、慶應義塾大学の会員制倶楽部「交詢社」に対抗してつくられた。

当初は「早稲田倶楽部」として創立されたが、クラブハウスが手狭になったため、二年後の一九一七年（大正六）に麹町区永楽町に新設された日清生命保険本社の三階に移転し、名称も「永楽倶楽部」に改めた。以来、関東大震災での罹災や太平洋戦争などを乗り越え、二〇一五年（平成二十七）には創立百周年を迎えた。

現在は、倶楽部の名の由来だった旧永楽

町（大手町）を離れて、永田町の日枝神社下の山王センタービル七階にあり、当時の伝統から上質で居心地の好い空間のなかで、多くの会員が懇親を深めている。

当初は早稲田大学の交友倶楽部として発足した永楽倶楽部であるが、現在その会員資格は早稲田出身者に限らず門戸を広げ、さまざまな出身の会員による倶楽部になっている。それは「あらゆる会員同士の懇親を深めることで人心を融和し、社会に多大な利益を与えることができる」という大隈重信侯の想いがバックボーンにあるからだという。

永楽倶楽部の数ある施設のなかで、もっとも人気の高いのが「バー」である。上質のカウンター席に口開けの時間から客が集い、カクテルを傾けている。バーのチーフ・バーテンダーはもちろんスマイリーこと福島勇三である。福島勇三は日本にわずか数名しかいない「マイスター・バーテンダー」の一人で、磨かれた技でつくり出される極上のカクテルと、二〇〇〇種以上のレシピに精通した含蓄のあるカクテルの解説は、バーのカウンターに集う多くの客を魅了している。また、スマイリーのお薦めのカクテルが毎月用意されているので、カクテルのことをよく知らないビギナーでも安心して飲めるのも嬉しい。

バーと一体化した開放感のあるラウンジは会員の語らいの場として活用されている。ここはレストランにもなっており、ランチからディナーまで楽しめる。レストランでの食事前や食後の語らいにバーを利用する客も多い。ただし永楽倶楽部は会員制のため、会員もしくは会員同伴の利用となっており、一般客には開放していない。

永楽倶楽部　URL:http://www.eiraku-c.com

スマイリーのカクテルを飲もうと、連日客の絶えないバー。

開放感あるラウンジは食事もできる。

福島勇三氏（左）とバーテンダーの鈴木和行氏（右）

コックとちがってバーテンダーは、
お客様の表情がみられる。
おつくりしたカクテルを一口含んだときに、
「あ、満足していただけたな」などと、
すぐ反応がわかるのがとてもいいですね。

SMILEY

Special Cocktail

Tundra

アラスカより少し強いカクテルをつくってほしいという要望に応えて、ウォッカをベースにベネディクティンなどを加えたカクテルがツンドラです。ベネディクティンは、ベネディクト派の修道院で 1510 年に生み出されたもので、18 世紀にシャルトリューズ修道院で生まれたシャルトリューズとともに僧侶のつくったリキュールです。

Vodka	45ml
Chartreuse Green	10ml
Benedictine D.O.M	5ml
Lemon Peel	1 枚

Spring Siberia

スプリング・シベリアは薬草系リキュールの女王シャルトリューズを使ったカクテル。シベリアの春をイメージして、クラッシュドアイスをグラスに満たし、シェークして静かに注ぎ入れ、ストローを添えます。

Vodka	40ml
Chartreuse Green	10ml
Chartreuse Yellow	10ml
Lemon Juice	1匙
Slice Lemon	1枚

※ティー・スプーン1匙は約5mlに相当。カクテルレシピにはtsp.と表記されることが多い。

Petite Fleur

小さな花(プティット・フレール)という名のカクテル。記念日にさりげなく祝意をこめて。「今日は私の就職記念日なんです」と役所の友人と来られたお客様に、即興でつくってさしあげた一品です。

White Rum	30ml
Cointreau	15ml
Grapefruits Juice	15ml

E Special

遠方から来てくださるＥさんはいつも４､５名でカクテルを楽しまれる愛好家のおひとり。私にオリジナル・カクテルをつくってほしいとオーダーされ、お好みのラム酒をベースに仕上げてみました。

White Rum	40ml
Dry Vermouth	15ml
Grand Marnier	5ml
Lemon Juice	1匙
Grenadine Syrup	2ml

※グランマニエルはオレンジピールの香りのリキュール。

K Special

グラスの外側を塩でまぶし（コーラル・スタイル）、シェークして氷ごと入れます。カクテル好きでベースにこだわらないＫさんが、スタンダードなカクテルに飽きて、何か変わったものをおまかせでと所望されつくったカクテルです。

Irish Whisky	20ml
Blue Curaçao	20ml
Sweet Vermouth	20ml

※ブルー・キュラソーはオレンジのリキュール。

Daisy Smile

デイジー・スマイルは、お酒に弱い人におすすめのカクテル。進駐軍基地に勤務していたときの作品です。ウエイトレスのネームプレートはアチャラカ風（西洋風）で、ジェーン、エスター、ジャネット、リリー、デイジーなどいろいろありました。デイジー（雛菊）に何となく親しみを感じてつくった一品です。

Apricot Brandy	25ml
Brandy	10ml
Orange Juice	適量
Lemon Juice	2ml
Grenadine Syrup	2ml

Jamaica Martini

ジン・マティニ、ウォッカ・マティニに次ぐ人気のカクテルがこのジャマイカ・マティニ。大手船会社に勤務していらしたお客様が、東京本社に来られると立ち寄ってくださり、「今ニューヨークでこういうのが流行っているよ」とか、外国の今を教えてくださった一品です。

Jamaica Rum　50ml
Dry Sherry　10ml
Lemon Peel　1枚

Old England

イギリス人が日本のある会社の社長さんと来店されたときに、このカクテル日本で飲めるかな？とオーダーしたのがオールド・イングランド。さっとつくってお出ししたところ、大変よろこばれた一品です。

Vodka 30ml
Dry Sherry 30ml

Emerald Ragoon

エメラルド・ラグーンは、永楽倶楽部に山岳部があった時代に山岳部のお客様のご要望でおつくりした一品。ある日の登山で見たエメラルド・グリーンの湖に大感激したというお話をうかがい、手探りでつくったカクテルです。

Tequila	30ml
Peppermint Green	10ml
Blue Curaçao	10ml
Lemon Juice	10ml
Soda Water	適量

White Lily

白百合という清楚な名のカクテル。1900 年代にはすでに飲まれていたといわれています。当時はアブサンを使っていたらしいのですが、いつしかアブサンがアーモンド風味のリキュール・アマレットに代わり、飲み口がやわらかくなりました。

Dry Gin	20ml
White Rum	20ml
Cointreau	20ml
Amaretto	5ml

Rainbow

七種類の材料が混ざり合わないよう静かにリキュール・グラスに注いでゆきます。ただそれだけのことですが、レインボーはつくり手に極度の緊張と集中力を要求するカクテルです。レインボーのルーツは二層のＢ＆Ｂ、そのあとに登場した五層のプース・カフェといわれています。それをバーテンダーの遊び心でさらに七層に。強羅ホテル時代によくつくっていたレインボーは私にとって格別のカクテルなんです。

Grenadine Syrup	1/7
Créme de Cacao	1/7
Créme de Menthe Green	1/7
Parfait Amour	1/7
White Curaçao	1/7
Cointreau	1/7
Brandy	1/7

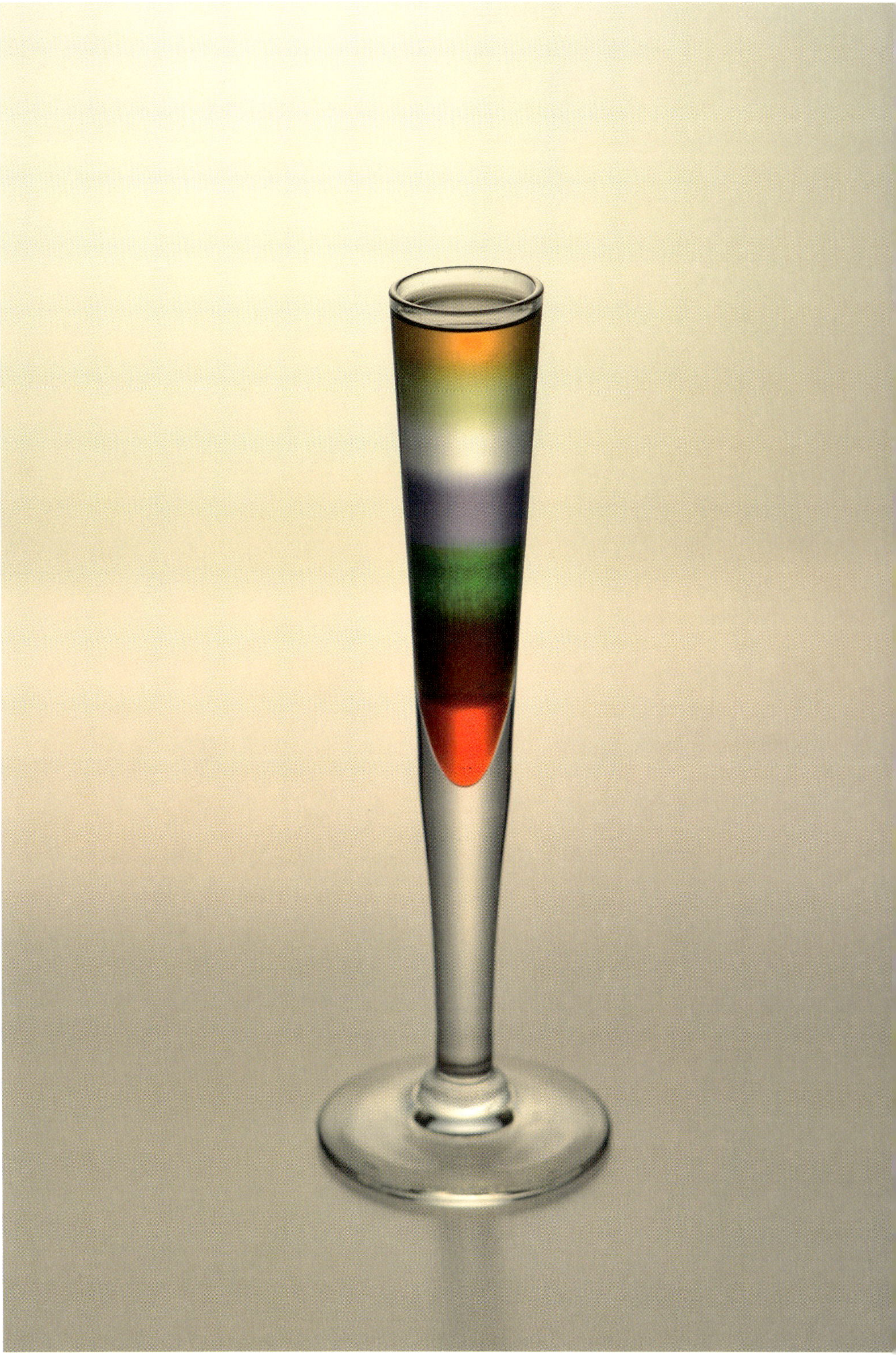

Smiley
想い出のカクテル
3

バーボン・マンハッタン

Bourbon Manhattan

Bourbon Whisky 45ml, Sweet Vermouth 15ml, Angostura Bitter 1dash, Maraschino Cherry 1

バーボン・マンハッタン。私にとってこれも進駐軍基地時代の懐かしい想い出のカクテルですね。

マンハッタンというカクテルの由来には諸説あります。なかでも有名なのは、イギリスのチャーチル元首相の母のジェニー・ジェロームが、一八七六年のアメリカ大統領選挙応援のために「マンハッタンクラブ」でこのカクテルをつくったという説です。

マティニと同じくらい向こうの人（アメリカ人）の大好物の飲みもので、カクテルの女王ともいわれます。進駐軍基地でも注文の出ない日はないほどでした。

当初はウイスキーもジンもアメリカの国産ものが多かったんです。イギリスのスコッチ・ウイスキーもアイルランドのアイリッシュ・ウイスキーもない、本当にアメリカのものだけでした。もともとマンハッタンはアメリカン・タイプのカクテルなので、ベースはライ・ウイスキーを使うのがベストなんですね。しかしながら進駐軍基地では最初の二、三年はアメリカ産のブレンデッド・ウイスキーをベースに、スイート・ベルモットを加え、アンゴスチュラ・ビターをワンダッシュ（三滴）入れて、仕上げにチェリーを入れたものをマンハッタンといいました（マンハッタンはベースをスコッチ・ウィスキーに代えるとロブ・ロイというカクテルになります）。

そのうちにトウモロコシを原料につくられるバーボン・ウイスキーがおいしいって召し上がる人が多くなりました。それでマンハッタンをオーダーするときにも「バーボン・マンハッタン」と、バーボンを使ってほしいというお客様がすごく増えてきたんですね。

Smiley's Cocktail notes

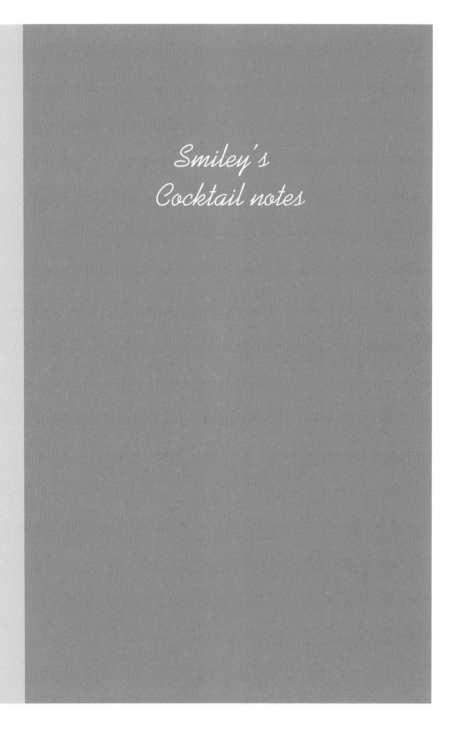

バラライカ Balalaika	バラライカとは、マンドリンに似た三角形のロシアの弦楽器のこと。ウォッカをベースに使うことから、ロシアにちなんだ民族楽器の名前がついたようだ。甘口が好みの人は、ウォッカ、コアントロー、レモン・ジュースの割合を同量にするのがおすすめ。サイドカーのバリエーションのひとつであるバラライカは、さっぱりとしてくせがなく口当たりがよい。意外にアルコール度は高いので、飲みすぎにはご用心。
Vodka 30ml Cointreau 15ml Lemon Juice 15ml	

ソルティ・ドッグ Salty Dog	グラスのふちに塩をつけたスノー・スタイルが特徴。海水にまみれて働く船の甲板員という意味のスラングからその名がついた。原形はジンにライム・ジュースと塩をひとつまみ加えてシェークする、イギリス発祥のソルティ・ドッグ・コリンズ。その後、ジンがウォッカにアレンジされ、新たなソルティ・ドッグとしてアメリカ西海岸周辺で広がり、さわやかで口当たりもよいカクテルは大変な人気を博した。ぜひ絞りたてのクレープフルーツ・ジュースを使用したい。
Vodka 30ml Grapefruits Juice 適量	

ブルー・ラグーン Blue Lagoon	1960 年、パリにある “ ハリーズ・バー ” のアンディ・マッケルホーン氏によって作られたカクテル。ラグーンとは、潟または礁湖のこと。涼しげな青い色は、ブルー・キュラソーというリキュールによるもので、真夏の青い海を想わせる。一口飲めば暑さも吹き飛ぶさわやかな味。ブルー・キュラソーを使ったカクテルは、ほかにもブルー・マルガリータなどがある。
Vodka 30ml Blue Curaçao 20ml Lemon Juice 20ml	

ブラッディ・メアリー Bloody Mary	血まみれのメアリーという恐ろしい名前のカクテルには、16 世紀の悲劇の歴史がこめられている。イギリスの女王メアリー１世は熱心な旧教徒で、父ヘンリー８世の宗教改革に反対し多くの新教徒を迫害した。その血のイメージからついた女王のあだ名が「ブラッディ・メアリー」である。トマト・ジュースの深紅色のカクテルは、各自が好みのスパイスを入れ、グラスのふちに飾られたレモンで味をととのえて完成させるという楽しみもある。
Vodka 40ml Tomato Juice 適量 Slice Lemon １枚 Worcestershire Sauce 適量 Tabasco Sauce 適量	

※１匙は約５ml。バー・スプーン１杯分はティー・スプーン１杯分と同量で約５ml に相当。カクテルレシピには tsp. と表記されることが多い。

※３滴はビターズボトルを一振りして出てくる量＝１Dash とほぼ同量。

ルシアン
Russian

Vodka 20ml
Gin 20ml
Créme de Cacao 20ml

ルシアンとはロシア風という意味。ウォッカをベースにしているところから、その名がついたらしい。ほんのりチョコレートの味がする女性好みのカクテルといえるだろう。ただ、ジンとウォッカの２種類のスピリッツを使用しているので、アルコール度はかなり高い。「レディー・キラー・カクテル」と呼ばれるもののひとつなので、飲みすぎにはくれぐれもご注意を。

ビッグアップル
Big Apple

Vodka 40ml
Apple Juice 適量

カクテルに使用される代表的果物といえば、オレンジやライム等の柑橘系だが、口当りがまろやかでほどよい酸味をきかせるには、パイナップルやリンゴが適している。ビッグアップルはリンゴを使用する代表的なカクテル。ベースのウォッカは仕上げの段階で白樺や椰子の活性炭で濾過されるので香りがほとんどない。それためリンゴ風味がうまく引出され、のどごしもさわやかな、飲みやすいカクテルに仕上がる。

モスコー・ミュール
Moscow Mule

Vodka 45ml
Lime Juice 15ml
Ginger Beer 適量
Cut Lime 一切れ

モスコー・ミュールとは、モスクワのラバという意味。考案したのはハリウッドのレストラン“コックン・ブル”の店主ジャック・モーガン氏という説が有力。ラバに蹴られたようにすぐにきくという意味とモスクワの頑固者という意味もある。考案された 1940 年代当時のアメリカ人のロシア人へのあてこすりがうかがえる。銅製マグカップで出されることがあるのは、スミノフ・ウォッカとジンジャー・ビアーとマグカップの売上げ効果をねらったところからきている。

ジン・リッキー
Gin Rickey

Gin 30ml
Lime 1/2 個
Soda Water 適量

ジン・リッキーの別名はザ・リッキー。スピリッツにライムを絞り入れソーダ水で満たす。ソーダ水で満たすロング・ドリンクをリッキースタイルともいう。甘味を加えず、マドラーでライムをつぶして酸味を整えながら飲むのもいい。リッキー・スタイルの代表格ジン・リッキーが考案されたのは19世紀末。ワシントンにあったレストランで、ジム・リッキーという名の客が最初に飲んだことからこの名がついたといわれる。さっぱりした飲み口が人気の定番カクテル。

オレンジ・ブロッサム
Orange Blossom

Gin 40ml
Orange Juice 20ml

白くかれんな花を咲かせるオレンジ。欧米の結婚式では、花嫁のドレスにオレンジの花をよく飾る。オレンジの花言葉は純潔。披露宴ではその想いも込めて食前酒として飲まれることが多い。ジンの分量を変えることで、濃くも薄くも出来る。オレンジ・ジュースの味が強いので、全体の味にもあまり影響がない。アルコールの弱い人にも飲みやすく、強い人も楽しめるカクテルなので、さまざまな人が集まるパーティにも向いている。

ブルー・ムーン
Blue Moon

Gin 30ml
Parfait Amour 15ml
Lemon Juice 15ml

その名前の響きからして、大人の女性にぴったりのブルー・ムーン。紫色のリキュール〝パルフェ・タムール〟を使用しているため、色はブルーというより落ち着いた淡い紫色をしている。レモン・ジュースの酸味に、ほのかにスミレの花の香りがただよう、甘い口当たりのやさしい上品なカクテル。作るポイントは、レモンは絞ってから茶こし等でこした後に使用すること。果肉が入って、このカクテルの最大の魅力である美しい色が濁ってしまうことのないように。

ロングアイランド・アイスティー
Long Island Iced Tea

Gin 15ml
Vodka 15ml
White Rum 15ml
Tequila 15ml
Cointreau 10ml
Sugar Syrup 5ml
Coca Cola 適量
Slice Lemon 1枚

マリンリゾートとして有名なロングアイランドは、ニューヨーク東部の島の名前。そこのロバート・パット氏が 1980 年代初頭に考案したのがこのカクテル。アイスティーといいながら紅茶は一切使われていない。8種類もの材料を混ぜ合わせていくと、味も見た目もアイスティーになってしまうという不思議なカクテル。ホワイト・スピリッツだけで4種類使用するためアルコール度は高い。女性を中心に西海岸で人気を呼び、カクテルのニューウェーブとして注目された。

アラウンド・ザ・ワールド
Around The World

Dry Gin 40ml
Crème de Menthe Green 10ml
PineappleJuice 10ml

「世界一周」という名のこのカクテルは、飛行機の世界一周航路の記念に開かれたカクテル・コンクールで、優勝した作品。空から眺める大地と海をあざやかなエメラルド・グリーンでシンプルに表現している。ミントのすっきり感とパイナップル・ジュースの甘酸っぱさが、さわやかな気分にさせてくれる。ミントは消化の働きを助けるので、食後酒としておすすめ。年齢や性別を問わず、なぜかヨーロッパよりも日本やアメリカで人気のあるカクテル。

Vodka Base　Gin Base

グリーン・アラスカ
Green Alaska

Dry Gin 45ml
Chartreuse Green 15ml

薬草系リキュールの女王的存在がシャルトリューズ。イエロー・シャルトリューズを使ったのがアラスカで、そのバリエーションがグリーン・アラスカ。アラスカは 100 年程前、ロンドンの有名ホテル “ ザ・サヴォイ ” のチーフ・バーテンダー、ハリー・クラドック氏によって考案され、バーテンダーのバイブル「サヴォイ・カクテル・ブック」に掲載後にわかに広まった。薬草独特の風味がきいていて口当たりは甘いがアルコール度は高い。好みでレモン・ピールを絞ってもよい。

トム・コリンズ
Tom Collins

Old Tom Gin 45ml
Lemon Juice 20ml
Sugar Syrup 2 匙
Soda Water 適量
Slice Lemon 1 枚
Cherry 1 個

19 世紀末、ロンドンの “ リマーズ・クラブ ” のバーテンダー、ジョン・コリンズ氏が考案したのが始まり。彼の名にちなんで、最初はジョン・コリンズと呼ばれていた。最初はオランダのジンが使用されていたが、その後イギリス産のオールド・トム・ジンで作ったところ、こちらの方が人気を呼び、名前もジョンからトムに取って代わられたという。ほのかに甘みが感じられるカクテル。

（Cherry は Maraschino Cherry）

ブルドッグ・ハイボール
Bull Dog High Ball

Gin 40ml
Orange Juice 15ml
Ginger Ale 適量

ハイボールとは、酒を水や清涼飲料で割るスタイルのこと。カクテル名にソルティ・ドッグ、テールレス・ドッグなど犬にちなんだ名前がたびたび登場する。スノー・スタイルにしないソルティ・ドッグをグレイハウンドまたはブルドッグともいう。ブルドッグには頑強な人という意味もあるが、ブルドッグ・ハイボールも含めて、この名のつくカクテルにそんなイメージは感じられない。ヨーロッパでは、ブルドッグ・カクテルと呼ぶことがある。

ブロンクス
Bronx

Gin 30ml
Dry Vermouth 10ml
Sweet Vermouth 10ml
Orange Juice 10ml

禁止されるとつい手を出したくなる、そんな人間の心理を反映して誕生したのがブロンクス。アメリカで禁酒法が施行された時代、密造しているジンに工夫をこらし、法の目をすりぬけてきた歴史のあるカクテル。ビリー・マロイ氏によって作られ、ニューヨーク北部の街ブロンクスからその名がつけられた。アメリカでは、クリスマスに飲まれる人気のカクテルでもある。オレンジ・ジュースがドライ・ジンとヴェルモットに見事に調和していて、アレンジもしやすくなっている。

ドッグズ・ノーズ
Dog’ s Nose

Dry Gin 40ml
Beer 適量

ドッグズ・ノーズのベースであるビールは、日本でも一番の消費量を誇るアルコール飲料。ただ独特の苦みが強いため、他のお酒と混ぜる時は慎重さが必要である。ドッグズ・ノーズは、ドライ・ジンの風味によってビールのコクが引出され、さらにアルコールも上乗せされた、辛口のハードな飲み物。ビールではものたりないという人に是非おすすめの一品。ベトナム戦争の終り頃に流行したという比較的新しいカクテルだが、なぜ「犬の鼻」などという奇妙な名がついたのかは謎。

アラスカ
Alaska

Gin 45ml
Chartreuse Yellow 15ml

薬草系リキュールの女王的存在、シャルトリューズを使ったカクテルの代表といえばアラスカ。シャルトリューズ・ジョーヌ（イエロー）はヴェール（グリーン）に比べ、蜂蜜風味があり甘みも強い。調合は今なお修道士の手による。薬草独特の風味がきいて口当たりは甘いが、アルコール度はかなり高め。好みで、レモン・ピールを絞ったり、オレンジ・ビターズを１～２滴加えても美味しい。

パラダイス
Paradise

Gin 30ml
Apricot Brandy 15ml
Orange Juice 15ml

アプリコットとオレンジのさわやかな香りのなかで、ひと口飲めばフルーティーな甘さが口いっぱいに広がる。パラダイスの名にふさわしいカクテル。当初のレシピでは材料は同じだが、分量が同量ずつの甘いカクテルだった。現在はベースのドライ・ジンの比率を増やして、控えめな甘さになっている。甘口派の人はドライ・ジンを少なめに、辛口派の人はドライ・ジンを多めにしてアプリコット・ブランデーを少なくするなどの調整ができる。

バカルディ
Bacardi

Bacardi Rum White 45ml
Lime Juice 15ml
Grenadine Syrup 1匙

1933 年にライト・ラムの製造で有名なバカルディ社が、自社のラム酒の宣伝用に作ったカクテル。アメリカのバーが、他社のラムで作ったカクテルをバカルディとして出したことで裁判になり、世界的に有名になった。ニューヨーク高裁は、バカルディ・ラムを使わないカクテルは、バカルディと認めない判決を下した。バカルディ裁判以来、他社のラムで作られたものは、ピンク・ダイキリと呼ばれている。

Gin Base　Rum Base

グロッグ
Grog

Dark Rum 45ml
Lemon Juice 15ml
Sugar 1 匙
Hot Water 適量
Cinnamon 適量

イギリスのバーノン提督が、節約のために水で割ったラムを水兵達に配ったのが始まり。彼はいつもグログラム織りの外套を着ていたので、「オールド・グロッグ」と呼ばれ、そこからこのカクテルの名前がついたといわれている。オリジナルは、ラムを水で割っただけの味気ないものだったが、現在ではスパイスをきかせたホット・ドリンクになっている。

ホット・バタード・ラム
Hot Butterd Rum

Dark Rum 45ml
Butter 1/2 匙
Sugar 1 匙
Hot Water 適量
Cinnamon 適量

ホット・カクテルの代表格、ホット・バタード・ラム。飲み物にバターとは意外な発想と思われるだろうが、ラムとバターはとても相性がいい。体が温まるうえに栄養もあるため、風邪をひいた時にもうってつけだ。作り方も簡単で、特別な材料が必要でないこともうれしい。寒い冬に、ちょっと疲れを感じた時に、試してみるのもいいだろう。ホット・バタード・ラム独特のコクは、ダーク・ラムとバターの味わいによって生まれるので、ホワイト・ラムを使用するのは禁物。

フローズン・ダイキリ
Frozen Daiquiri

White Rum 40ml
Cointreau 10ml
Lime Juice 20ml
Sugar 1 匙
Crushed Ice 適量

フローズン・スタイルのカクテルのなかでも最も人気のあるフローズン・ダイキリ。キューバの鉱山で働く技師によって考案されたダイキリを、首都ハバナ市のバーテンダーがフローズン・タイプにアレンジしたもの。ヘミングウェイが愛したことで知られるこのカクテルは、ほかのカクテルがフローズン・タイプで作られるようになるきっかけとなった。ラムはフルーツとの相性もよく、ストロベリー、バナナ、メロン等と合わせたものが広く親しまれている。

ホット・エッグ・ノッグ
Hot Egg Nogg

Dark Rum 30ml
Brandy 15ml
卵黄 1 個
Sugar 2 匙
Milk 適量
Cinnamon 適量

エッグ・ノッグとは、ミックス・ドリンクのひとつで、アルコール入りのミルク・セーキを想像してもらえればわかりやすい。アメリカ南部で、クリスマス・ドリンクとして飲まれていたが、今ではクリスマスの日にこだわらず、寒い冬の日にはいつでも飲まれているカクテル。卵とミルクを使用するので、栄養価も高い。

ボストン・クーラー
Boston Cooler

- Light Rum 30ml
- Lemon Juice 15ml
- Grenadine Syrup 1 匙
- Ginger Ale 適量
- Slice Lemon 1 枚

クーラーとは、冷たく爽やかな飲み物という意味。スピリッツにレモンやライムのジュースと甘みを加え、ソーダ水またはジンジャー・エールを満たす方法をクーラー・スタイルという。ボストン・クーラーは、このスタイルのなかでも特に有名で人気が高い。アメリカ東海岸の大都市ボストンは、ボストンバッグや、眼鏡のボストンフレームを生みだした街でもある。伝統と知性をイメージさせる一方、この地名のつくものは親しみやすさがあるようだ。

ミント・ジュレップ
Mint Julep

- Bourbon Whisky 60ml
- Sugar 2 匙
- Soda or Water 10ml
- Mint Leaf 4〜6 枚
- Crushed Ice 適量

アメリカ南部に伝わる夏向きのカクテル。ジュレップとは苦い薬を服用した後、口直しのために飲む甘い飲料のことで、アラビア語が語源といわれている。スピリッツにミントの葉を混ぜ込んで作るスタイルのカクテルでもある。クラッシュド・アイスを十分にステアしよう。グラスの上からパウダー・シュガーをふりかけると、まるで氷の世界に降る雪のような仕上がりになる。

ニューヨーク
New York

- Rye Whisky 45ml
- Lime Juice 15ml
- Grenadine Syrup 1/2 匙
- Sugar 1 匙
- Orange Peel 1 枚

世界的な大都市ニューヨーク。17 世紀の初め頃まで、この辺りはオランダの植民地で、ニューアムステルダムと呼ばれていた。のちの 1664 年イギリスに占領されてから、当時の国王の弟ヨーク公の名にちなんで、ニューヨークと改名された。あざやかな色をしたカクテル。その歴史を知ってか知らずか、ニューヨークはほろ苦く、ほのかに甘い。時の移ろいを物語っているかのようだ。

ロブ・ロイ
Rob Roy

- Scotch Whisky 45ml
- Sweet Vermouth 15ml
- Angostura Bitter 3 滴
- Maraschino Cherry 1 個

ロンドンの高級ホテル “ザ・サヴォイ” のバーテンダー、ハリー・クラドック氏が考案したカクテル。ロブ・ロイとは、18 世紀のイギリスに実在した、ロバート・マクレガーという人物のニックネームで、彼は家族と自分の名誉のために悪質な独裁者から金品を盗み、立ち向かっていった英雄的義賊だった。その勇敢な生きざまは演劇や映画になって現在でも語りつがれている。世界的に有名なカクテルにもかかわらず、日本ではその知名度が低いのが残念。

Rum Base　Whisky Base

ラスティ・ネイル Rusty Nail	ドランブイは、スコッチウイスキーに、香草類と蜂蜜を加えて作られたリキュールで、“ 満足させる飲み物 ” という意味を持っている。ラスティ・ネイルとは、英語で “ 錆びたクギ ” という意味。また “ 古めかしい ” という意味もある。しかしこのカクテルの登場は第二次世界大戦後のことで、それほど古いというわけではない。一般的にはカクテルの色から連想した名前ではないかと考えられている。
Scotch Whisky 30ml Drambuie 30ml	

ニコラシカ Nikolaschka	ブランデーの入ったグラスに、ふたをするようにのせられたスライス・レモン。その上には小山のように盛られた砂糖。何ともユニークなカクテルが、このニコラシカ。ユニークなのは外見だけでなく、その飲み方も変わっている。まず砂糖をはさむようにスライス・レモンを折り、口に含み一度かじる。甘酸っぱい味が口の中に広がったところで、グラスのブランデーを流しこむ。このカクテルが本当に出来上るのは口のなかというわけ。他に類のない珍しいカクテル。
Brandy 30ml Sugar 適量 Slice Lemon 1 枚	

アレキサンダー Alexander	アレキサンダーは 1863 年、イギリス国王となるエドワード 7 世とデンマーク王女アレキサンドラの結婚を記念して考案された。皇太子から花嫁に捧げられたロマンチックなカクテルだ。当初は王妃名 “ アレキサンドラ ” と呼ばれていたが、いつしかアレキサンダーに変ってしまったらしい。コツはクリームをよく混ぜるため十分にシェークすること。女性に人気の食後向きカクテル。ただし映画「酒とバラの日々」の主人公の妻のように、これを飲んでアル中にならないように。
Brandy 30ml Créme de Cacao 15ml Cream 適量	

ビトウィーン・ザ・シーツ Between The Sheets	ビトウィーン・ザ・シーツとは、「ベッドに入って…」という意味深長な名前のカクテル。ヨーロッパの格式のあるホテルで、寝酒として出されていたのがその起源。プライベートな空間にただよう柑橘系の甘い香り、静かに流れるジャズの音色。今夜は夢のようなひとときを…などと想像力をかきたてられてしまうような、ムード満点のミッド・ナイト・カクテル。実際はアルコール度が高いので、飲みすぎにはご注意。
Brandy 30ml White Rum 10ml Cointreau 10ml Lemon Juice 10ml	

スティンガー
Stinger

Brandy 40ml
Créme de menthe White 20ml

スティンガーは 20 世紀の初頭、ニューヨークのレストラン“ コロニー ”のバーテンダーが考案した。ブランデーの深い甘みと、さわやかなミントの微妙な調和が魅力のカクテル。琥珀色からは、ミントのピリッとした感覚は想像しづらいが、この刺激が名前のゆえんとなっている。スティンガーとは、昆虫の持つ針とか、皮肉といった意味。見た目と、飲んだときの口当たりの落差からついたものだろう。ミントの主成分には消化をうながす作用があるため食後に最適。

チェリー・ブロッサム
Cherry Blossom

Cherry Brandy 30ml
Brandy 30ml
Cointreau 6 滴
Grenadine Syrup 6 滴

横浜にあるバー“ パリ ”のオーナー、田尾多三郎氏の創作カクテル。バーテンダーのバイブルとして知られる「サヴォイ・カクテル・ブック」に取り上げられたことで、世界中の人々に親しまれるようになった。「桜の花」の名がついているわりには赤味が強く、むしろ「チェリー」のイメージに近い。もともと甘口のカクテルなのだが、より甘みを強めたければ、更にチェリー・ブランデーを増やし、ブランデーを少くするとよい。

バレンシア
Valencia

Apricot Brandy 40ml
Orange Juice 20ml
Orange Bitter 3 滴

バレンシアは、スペイン南部の有名なオレンジの産地。そこで取れるバレンシア・オレンジを使って作られたカクテルなので、この名がついたとか。燦々と降り注ぐ太陽の光をいっぱいに浴びたオレンジとアプリコットのフルーティーな甘さが、ソフトドリンクのように飲みやすい。甘口でアルコール度も低めなので、お酒に弱い人にも安心してすすめられる。これに冷やしたシャンパンを加えると、パーティー用のドリンクにもなる。

ホーセズ・ネック
Horse' s Neck

Brandy 40ml
Ginger Ale 適量
Lemon Peel 1 個分

レモンの皮をらせん状にむいてグラスに飾った、ユニークなカクテル。ジンジャー・エールとレモンの香りが爽快。ホーセズ・ネックという名は、ケンタッキーの競馬ファンが縁起をかついで愛飲したという説と、アメリカのセオドア・ルーズベルト元大統領が乗馬の際にいつもこのカクテルを飲んでいたという説がある。一般的にブランデーをベースにして作り、正式にはブランデー・ホーセズ・ネックといい、ジンで作る場合はジン・ホーセズ・ネックという。

Whisky Base　Brandy Base

フローズン・マルガリータ
Frozen Margarita

Tequila 30ml
Cointreau 15ml
Lime Juice 15ml
Crushed Ice 適量

フローズン・スタイルのなかで、一二を争う人気なのがこのカクテル。材料のコアントローをブルー・キュラソーに代えれば、美しい青のフローズン・ブルー・マルガリータに。また、ストロベリー・リキュールとイチゴで作れば、可愛い赤のフローズン・ストロベリー・マルガリータになる。このようにリキュールやフルーツを代えれば、幾通りにもアレンジできるのが大きな魅力。お気に入りのオリジナル・レシピを見つけてみてはいかが。

マルガリータ
Margarita

Tequila 30ml
Cointreau 15ml
Lime Juice 15ml

マルガリータ＝恋人説には 2 通りある。1つは 1949 年、アメリカのナショナル・カクテル・コンテストで優勝したジャン・ジュレッサー氏が、狩猟場で流れ弾に当って亡くなった恋人を偲んで作ったというもの。もう 1 つは '36 年、あるホテルのマネージャーがドリンクに塩をつけて飲むのが好きな恋人のために、グラスのふちに塩をまぶすスノー・スタイルのカクテルを考案したというもの。どちらにしてもロマンティックな逸話で、恋人との大切な時間に選びたいカクテル。

テキーラ・サンセット
Tequila Sunset

Tequila 30ml
Lemon Juice 30ml
Granadine Syrup 5ml
Crushed Ice 適量

メキシコの荒れた広野からオレンジがかった太陽が顔を出す。そんな朝焼けのイメージで作られたのがテキーラ・サンライズ。テキーラの故郷メキシコで生まれ、ローリング・ストーンズが絶賛し火つけ役となったことで有名になったカクテル。そのテキーラ・サンライズと対をなしているのが、テキーラ・サンセット。夕焼けのイメージどおり、空一面あかね色に染めたような色をしている。レモンの酸味がきいた、クールでさわやかな真夏に飲みたい一品。

スプモーニ
Spumoni

Campari 30ml
Grapefruits Juice 45ml
Tonic Water 適量

スプモーニとは泡立つという意味で、英語のフィズが炭酸がはじける音をいうのと同じように、炭酸の泡を表している。イタリア生れのこのカクテルは、苦みのあるカンパリと、グレープフルーツ・ジュースの組合せがトニック・ウォーターとよく合い、さっぱりしていて美味。もともと、カンパリはフルーツとの相性がよく、カンパリ・オレンジなどのカクテルも有名。グレープフルーツ・ジュースは、絞りたてを使うことが、より美味しく飲むためのポイント。

Tequila Base　Campari Base

カンパリ・オレンジ
Campari Orange

Campari 45ml
Orange Juice 適量

イタリアの有名な食前酒カンパリを、オレンジ・ジュースで割ったのがこのカクテル。カンパリ・ソーダのアレンジ。カンパリの苦みを甘酸っぱいオレンジ・ジュースがやわらげていて、カンパリを使ったカクテルのなかで最も甘味がある。日本では人気の高いカクテル。カンパリとオレンジの相性はたいへん良く、オレンジ・キュラソーも加えると、更に深みのある味になる。スライス・オレンジを、マドラーでつぶしながら飲むのも美味なのでおすすめ。

キティ
Kitty

Red Wine Glass1/2
Ginger Ale Glass1/2

飲み残した赤ワインを料理の隠し味として使う人は多いかもしれない。そんなときに試してほしいのがキティ。赤ワインとジンジャーエールを軽くステアするだけで出来上り。家庭で簡単に作れるカクテルの代表格のようなもの。もともとセブンアップを使っていたようだが、現在はジンジャーエールが主流。レモン・ジュースを小さじ 1 加えてもすっきりしたのどごしで飲みやすい。どちらもワインとは違った感覚で楽しめて、ワイン好きにもおすすめできるカクテル。

キール
Kir

White Wine
Glass4/5
Créme de Cassis
2 匙

第二次世界大戦後、フランス ブルゴーニュ地方の名産白ワイン、ブルゴーニュアリゴテの出荷が伸び悩み、市長キャノン・フェリックス・キール氏が解決策として考案したのがこのカクテル。アイデアマンで、牧師のかたわら国会議員を務め、89 歳で市長に 5 度目の当選をしたとき、75 歳の助役を「年寄り過ぎる」とはずしてしまった。そんな豪傑の持つ繊細なセンスが面白い。

バンブー
Bamboo

Dry Sherry 45ml
Dry Vermouth 15ml
Orange Bitter 3 滴

バンブーはその名のとおり、まっすぐ伸びる竹のようにすっきりした味わいのカクテル。横浜のホテル・ニューグランド創業当時のチーフ・バーテンダー、ルイス・エビンガー氏によって生み出された。材料と作り方がほとんど同じアドニスとの違いは、ドライ・ヴェルモットを使っているため、バンブーのほうはキリっとした辛口に仕上る。シェリーは 5 つのタイプに分類されているが、そのなかの最も ドライなフィノと呼ばれるものを使うとよい。

Wine Base　　Sherry Base

BARへようこそ

福島勇三のカクテルの愉しみ方

2017年2月1日　第一刷発行

著作　福島勇三
写真　大坂 寛
編集・デザイン・執筆　北崎事務所
編集人　北崎二郎

協力　永楽倶楽部
柳澤喜徳（永楽倶楽部編集担当理事）
矢澤洋一（永楽倶楽部編集委員長）
高橋友子（永楽倶楽部編集委員）
白江英司（永楽倶楽部編集委員）
大橋 修（永楽倶楽部編集委員）

発行人　志原篤司
発行所　株式会社 グリーンキャット
〒102-0083 東京都千代田区麹町 4-3-3 新麹町ビル 7F
TEL.(03)-6256-8377　FAX.(03)-6256-8378
URL:http//www.greencat.co.jp
印刷所：株式会社 平河工業社

Printed in Japan ISBN978-4-904559-11-6